LÉONCE PLIQUET

DOUTES

ET

CROYANCES

AVEC

Préface de M. LOUIS BOUÉ

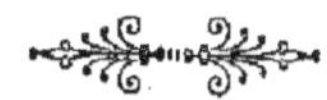

BORDEAUX	PARIS
FERET & FILS, ÉDITEURS	J. ROUAM & Cie, ÉDITEURS
15, cours de l'Intendance, 15	14, rue du Helder, 14

1897

DOUTES

ET

CROYANCES

LÉONCE PLIQUET

DOUTES
ET
CROYANCES

AVEC

Préface de M. LOUIS BOUÉ

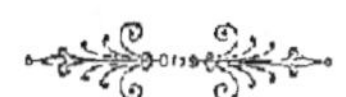

BORDEAUX

FERET & FILS, ÉDITEURS

15, cours de l'Intendance, 15

PARIS

J. ROUAM & Cie, ÉDITEURS

14, rue du Helder, 14

1897

PRÉFACE

Vous me demandez quelques lignes de préface. Il ne vous semble donc pas, comme à la plupart des écrivains, qu'une préface ait besoin de l'éclat d'un grand nom et du prestige d'une renommée acquise. Ceux qui le croient risquent souvent d'adapter un éblouissant vestibule à un piètre édifice. Vous me paraissez bien plus habile lorsque vous savez vous contenter d'un péristyle en carton qui ne pourra que faire singulièrement ressortir tous les charmes de l'attrayant monument où votre muse se prélasse parmi les parfums les plus délicats et les joyaux les plus artistiques.

Vous prouvez une fois de plus que, pour les âmes bien nées,

La valeur n'attend pas le nombre des années.

Écrire aujourd'hui des vers! Est-ce de l'incons-

cience ou de l'héroïsme? — Non. C'est tout sim-
plement une tendance innée, impérieuse autant
qu'irréfléchie, c'est la tendance du poète qui écrit
pour le plaisir d'écrire comme le rossignol chante
pour le plaisir de chanter, sans rechercher si les
perles de son gosier, ce prodigieux écrin, tombent
dans l'oreille d'un auditoire attentif ou s'égrènent
dans la solitude de la nuit. Oui, vous chantez
ainsi parce qu'il faut, aux premières heures de la
vie, se laisser bercer par des illusions qui doivent
prendre nécessairement un corps et dont le vêtement naturel est la poésie. Vous chantez parce
qu'il faut absolument croire, un instant, à ce qui
est beau et bon. Vous avez cent fois raison, dès
lors, de jeter des rayons sur votre vie, de dorer
ses contours et d'enchâsser vos aspirations dans
des strophes sonores qui leur donnent l'apparence
de brillantes réalités. Oui, vous avez raison
d'échapper aux noirs soucis de l'existence, de
vous y dérober par un coup d'aile qui vous plonge
au sein des bleus espaces où vous planez libre-
ment, où vous modulez sur la lyre d'ivoire des
sons graves et doux, des notes retentissantes et
gracieuses, des rythmes variés qui ont le don de
vous ravir vous-même avant de ravir les autres.

Vos vers présentent maintes qualités que j'admire sincèrement et que je voudrais encourager de toutes mes forces. Laissez-moi signaler en particulier la souplesse d'un style qui se plie sans efforts aux exigences des sujets les plus divers, le sentiment poétique toujours capable de donner à chacun de ces sujets la forme qui lui convient, le revêtant, pour ainsi dire, d'un manteau de pourpre quand la grandeur de la situation l'exige, ne l'entourant que d'une dentelle légère lorsque ce simple ornement suffit.

Votre œuvre est une bouffée de poésie printanière, une gerbe d'étoiles.

Au milieu de ces nombreuses pièces où l'âme éclate parfois impétueuse comme la mer ou bien se répand sans bruit comme le lac, ce qui me frappe surtout c'est la sincérité. La sincérité! cette chose supérieure à toutes les autres, si dédaignée et que l'on abandonne aux naïfs... ou plutôt aux vrais artistes! Vous êtes un sincère et je vous en félicite. Hors de la sincérité, point de salut...

Cette sincérité vous a toujours heureusement inspiré. Avec quelle intuition précoce, elle vous a permis de pressentir la vie, d'en pénétrer le mys-

tère et de la résumer dans ce petit vers où elle
tient tout entière :

Tenter la gloire, aimer, souffrir !

C'est bien cela, en effet. Tenter la gloire est
noble, est nécessaire. Tenter, voilà le mot. Nous
poursuivons cette agréable chimère qui nous fuit
à mesure que notre main va s'appesantir sur elle.
N'importe ! Il convient de tenter la gloire, de
tenter d'asservir ce papillon brodé de couleurs et
de pierreries. On n'a jamais à regretter d'avoir
cherché l'idéal, alors même que l'on n'a pas
réussi à l'atteindre. Il y a joie et honneur dans
le seul fait

. . . . . de l'avoir entrepris.

Aimer, souffrir, ajoutez-vous. Comment votre
âge n'ignore-t-il pas que ces deux sentiments n'en
font qu'un ? L'homme vit, en quelque sorte, sus-
pendu entre le ciel et la terre, par l'amour qui lui
vient d'en-haut et par la souffrance qui lui vient
d'en-bas, par l'amour qui dérobe à ses yeux toutes
nos fanges et par la souffrance qui le détache
insensiblement de ce monde qu'il ne voudrait plus

quitter s'il avait pu, un seul instant, y aimer sans souffrir !

Musset a dit :

> Le seul bien qui me reste au monde
> Est d'avoir quelquefois pleuré.

Moi, j'aurais été porté à dire :

> Le seul bien qui me reste au monde
> Est d'avoir quelquefois aimé.

Vous vous êtes chargé de nous mettre d'accord. Je m'aperçois que je n'aurais rien changé à ce qu'a écrit Musset. Le mot serait différent, mais le sens resterait identiquement le même au fond. Vous avez adopté vous-même la meilleure formule, celle qui réunit les deux versions faites pour s'unir et se confondre : *aimer, souffrir*.

Mais comment savez-vous cela, je le répète ? Je ne devrais pas vous avouer la vérité à cet égard, car vous êtes jeune et vous serez toujours fixé assez tôt.

En attendant, marchez vers l'avenir avec confiance. Avoir la foi, voyez-vous, tout est là. Elle est la grande inspiratrice du génie comme de la vertu et constitue l'étonnante supériorité du poète, de cet homme qui a foi en quelque chose, qui a foi dans sa chimère, qui a foi dans son amour, qui a foi dans son idéal. Cette foi est sa marque distinctive. Elle lui met un astre au front et le fait rayonner au-dessus des fronts moroses de la foule...

Gloire à la poésie! Continuez, cher Monsieur, à laisser parler votre cœur et votre lyre. Croyez et chantez!

Louis BOUÉ,

Ex-Président de l'Académie nationale des Sciences,
Belles-Lettres et Arts de Bordeaux.

Doutes et Croyances

LA LIBERTÉ

I

C’est l’instinct des vaincus et l’orgueil du puissant,
Le refuge cher à l’Indien des savanes,
Le désert toujours libre aux grandes caravanes,
Et jusqu’à l’échafaud rouge de notre sang.

C’est la fécondité d’un peuple ou d’un royaume,
La vierge belle et nue aux seins immaculés
Qu’aucun être mortel n’a pressés ou souillés;
C’est l’art aimé, fêté, la Grèce, Athènes, Rome.

C’est Brutus, c’est Caton; c’est tous ceux qui sont morts
Pour une belle cause, une sublime idée,
Poussant d’un nouveau pas la science attardée,
Ou commettant le crime utile, sans remords.

C’est Vercingétorix et la vieille épopée
Qui fait la nation contre l’envahisseur;
C’est Jeanne la Pucelle et notre sainte sœur
Qui chasse les Anglais avec sa forte épée.

II

O France, ô mon pays! vieille terre d'amour,
De gloire et de vertu, d'honneur et de courage;
Sol des vins généreux gais faiseurs de mirage
Qui donnent la fierté, la vaillance et l'humour;

Tu relèves ton front qu'avait meurtri la guerre,
Et tes fils, maintenant grandis et vigoureux,
Issus de ta caresse avec tes anciens preux,
Remplacent dans les rangs tes soldats de naguère.

Tu marches dans ta force avec tranquillité.
Ton cheval de bataille attend toujours la selle;
Quand tu l'enfourcheras, il hennira de zèle,
Amante des héros et de la liberté.

LE BAL

I

Je le veux bien, dansons, ô belles jeunes filles!
Otez ces fichus noirs qui vous couvrent le sein :
Et qu'au bruit de l'archet, le galop des quadrilles
Vous fasse tournoyer, voluptueux essaim.

Précipitons le pas sans perdre la cadence ;
Plus vite. L'heure a fui ; vos mères vont venir :
Il faudra taire alors la douce confidence,
Et laisser aux cheveux les roses se ternir.

J'aime, en vous regardant, le feu de votre joue ;
Vos corps enamourés ont des frissons subits,
Et, dans vos yeux divins, la volupté secoue
Mille paillettes d'or où luisent des rubis. —

Je sens battre le cœur sous la chair qui le couvre.
Ivresse d'un instant, tout est félicité.
L'œil suit avec amour la robe qui s'entr'ouvre
Et livre par moments des trésors de beauté.

. . . .

C'est le départ. Chacun se répand sur les routes.
Jeunes filles, enfants, vous qui m'avez charmé,
En rêve, cette nuit, je vais vous aimer toutes,
Dans l'heureux tourbillon de ce bal ranimé.

II

Je suis seul dans ma chambre, et mon esprit s'arrête
Aux ravissants aspects d'un tableau merveilleux;
Je vois passer sans fin les splendeurs de la fête
En un cadre magique étendu sous mes yeux.

Le lustre fait tomber des torrents de lumière
Sur les fronts tout semés des rutilants bijoux,
Et la beauté des corps dans la tiède atmosphère
Éclate plus vivante avec les désirs fous.

Danseur impatient, frissonnante danseuse,
Allez, battez le sol de vos pas bien rythmés;
Coupez et traversez la chaîne paresseuse,
Aux multiples anneaux, des couples embaumés.

Et toi, figure amie, entre toutes si pure,
O toi que *j'adorais!* ô mon âme! ô ma sœur!
Comme une flamme à l'air se dilate et s'épure,
Tu remplis maintenant mon esprit et mon cœur.

CONSEIL

Si tu veux avec assurance
Vivre ici-bas, sans t'exposer,
Garde ta lèvre d'un baiser.
Garde ton cœur d'une espérance.

L'amour est un poison fatal ;
La gloire, un mot, une folie :
Le grand homme que l'on publie
Tombe bientôt du piédestal.

Pourtant si ton âme est virile,
Si ton cœur ne craint pas le mal,
Désire le sel baptismal
Et fuis la crainte puérile.

Tenter la gloire, aimer, souffrir,
C'est doter d'un rêve sa vie ;
C'est vouloir que l'on nous envie
Un ciel qui vient de s'entr'ouvrir !

PRIÈRE

J'ai mis mon cœur dans une fleur,
Dans une fleur rose et nimbée;
La fleur à vos pieds est tombée,
Tombée, hélas! dans ma douleur.

Vous pourriez, sans y prendre garde,
Poser dessus vos blancs souliers,
Ou, sur le bois des escaliers,
La faire rouler par mégarde.

J'avais cueilli dans le jardin
Cette fleur belle, à peine éclose:
Sur elle, votre lèvre rose
Venait de se poser soudain.

Heureuse, vous l'aviez baisée;
Votre beau sein se soulevait
Sous la caresse qu'il rêvait.
Vos pleurs lui servaient de rosée.

Je suis venu, tout doucement,
Poser mes lèvres sur la trace
De vos lèvres, comme une grâce
Que Dieu m'accordait pleinement.

Et j'ai coupé la fleur chérie
Pour y cacher mon faible cœur.
Il gît maintenant dans la peur.
Oh! ramassez-le, je vous prie!

J'ai mis mon cœur dans une fleur,
Dans une fleur rose et nimbée;
La fleur à vos pieds est tombée,
Tombée, hélas! dans ma douleur!

COMMUNION

Les cierges s'éteignaient; la messe finissait;
Les prêtres, à voix basse, achevaient la prière;
Sous l'effort vigoureux de l'extase dernière,
L'âme jusqu'à son Dieu montait et s'unissait.

Les vieux saints honorés que l'ombre grandissait,
Détachés à présent par un flot de lumière,
Souriaient à demi dans leurs niches de pierre,
Tandis que sur les fronts l'esprit divin passait.

Cheminant, deux par deux, à travers l'assemblée,
Les dévots, vers l'autel, se frayaient une allée
Et recevaient le pain et le vin tour à tour.

Cependant que nos cœurs bondissaient d'allégresse,
Et dans l'effusion d'une féconde ivresse,
Communiaient, ravis, à la table d'amour!

LA NUIT

L'obscurité s'étend sur la petite ville
Dont l'unique avenue est maintenant sans bruit ;
La crainte erre partout, promeneuse incivile,
Et la chauve-souris est seule dans la nuit.

Mais à l'intérieur des maisons bien fermées,
Dans l'alcôve très douce, enivrante d'odeurs,
S'élève, comme un chant capricieux d'almées,
Le murmure confus des lèvres et des cœurs.

Car la nuit, c'est l'effroi de toute solitude,
Des loups-garous velus, des revenants hideux
Qui nous tirent du lit, méchante multitude
Contre laquelle on sent le besoin d'être deux.

Comme on se serre alors dans la forte caresse,
Aux clartés de la lampe, oublieux du trou noir
Où grouillent pêle-mêle, avec la peur traîtresse,
Les habitants géants d'un funèbre manoir !

AVEU

Près d'une enfant douce et candide,
Un soir d'automne je m'assis ;
Ses yeux n'avaient point de soucis,
Son âme était pure et limpide.

Tout doucement je pris sa main.
Sa main était mignonne et frêle ;
Mes doigts, qui s'appuyaient sur elle,
Craignaient d'en froisser le satin.

Tout doucement je pris sa lèvre,
Et sans y songer l'embrassai ;
Tandis que mon cœur oppressé
Battait, battait brûlant de fièvre...

Tout doucement je pris son cœur
Et lui donnai ma vie en gage.
Je n'en dirai pas davantage,
Car c'est depuis tout mon bonheur !

LE CLOCHER

Vieux clocher de paroisse, aux multiples accents,
Combien j'aime l'aspect de tes vieilles murailles,
Quand un son rude et fort jaillit de tes entrailles
Et se propage heureux ou triste dans mes sens.

Tu n'es plus cette pierre inerte et vermoulue
Qui branle à tous les vents, toujours prête à tomber.
Le temps te ronge en vain sans pouvoir t'absorber,
Et l'éternelle vie en tes voûtes afflue.

Un monde naît et meurt en toi, prodigieux.
Tu marques chaque étape ironique ou joyeuse,
L'airain retentissant de ta voix furieuse
Fera tressaillir d'aise un jour les vieux aïeux.

Monument vénéré de la foi solitaire,
Fait pour rester debout quand tout sera détruit,
Ta cloche vigilante égrène, dans le bruit,
L'appel mystérieux des cieux bleus à la terre.

***

C'est une vérité banale et très connue,
Le livre qu'on écrit est toujours le plus beau,
Et l'être que l'on aime est si haut dans la nue,
Qu'il est, pour tous les yeux, un lumineux flambeau.

Agile, immense, il plane au-dessus de la terre,
Sans jamais y descendre ou même la toucher,
Et semble un habitant d'un monde planétaire
Rapproché, par hasard, du terrestre plancher.

Notre esprit, avec lui, vogue parmi les astres,
Se baigne dans l'éther, la lumière et l'azur,
Et ne voit nulle part ni foudres, ni désastres,
Tant le ciel, qui nous couvre, est divinement pur.

Géants aventureux d'une folle escalade,
Nous voulons envahir l'olympe radieux,
Tels autrefois Typhon, Briarée, Encelade ;
Car l'amour nous rend forts et semblables aux dieux.

***

Je veux ciseler un mignon bijou;
Un sonnet charmant aux rimes très rares,
Aux sonorités comme des fanfares,
Embaumé d'odeurs comme un temple hindou.

Meuble rehaussé d'or et d'acajou;
Habitacle saint de formes bizarres :
Boîte de parfums et coffret d'avares
Riche des trésors de je ne sais où.

J'y ferai briller mille perles fines,
Comme on n'en vit point au cou des dauphines,
Triomphe de l'art et de l'ouvrier.

A l'intérieur, sur la satinette,
Tu te dresseras, ceinte d'un laurier,
Reine, Idole, Amour, Marie-Antoinette!

CAPRICE

C'est un désir étrange, un étonnant caprice,
Mais demain, je voudrais que vous ne m'aimiez plus,
Et, rebut de vos yeux, ô chère bienfaitrice,
Être mis dans votre âme au rang des inconnus.

J'ai peur, en vous voyant, si douce et si jolie,
Que mon facile amour vous semble trop commun,
Et je voudrais souffrir pour qu'il se multiplie,
Comme le grain d'encens sur un brûle-parfum.

Ah! vous sauriez après et combien je vous aime
Et quel chagrin peut naître en mon cœur éprouvé.
Pour moi, je bénirai ce pieux stratagème
Qui me ferait si doux votre amour retrouvé.

Nous goûterions alors les anciennes caresses
Comme un plaisir nouveau que nous n'aurions pas su,
Dans la suavité des mystiques paresses
Qui nous feraient cette heure unique à notre insu.

RETOUR

O les blanches maisons toutes fraîches repeintes,
Desquelles on resta de longs jours éloigné,
Avec leurs airs nouveaux de candeur et de saintes,
Et dont on a revu le seuil abandonné !

Quel plaisir on éprouve à pénétrer en elles,
A compter, pas à pas, chaque fleur du plafond,
A retrouver, pareils à des mains fraternelles,
Mille objets qui dormaient dans un oubli profond.

Ah ! c'est plus qu'une vie, à nos yeux, retracée,
Plus que l'intimité d'un calme et doux logis,
C'est le meilleur désir, la plus chère pensée
Dans cet intérieur aux vieux murs élargis.

Quel flot toujours montant de joie et de surprises !
Quelle sérénité dans ces appartements !
Quels bonheurs sont cachés dans ces tentures grises
Et retiennent nos cœurs par de subtils aimants !

RIMES BLANCHES

Voici la bague d'or et mon anneau sacré.
Prends-les et sur tes doigts fais-les glisser, ô chère.
Pour prier, chaque soir, maintenant j'unirai
Ton nom délicieux à celui de ma mère.

Voici la bague d'or et mon anneau sacré.
Tous les miens ont porté ce joyau. Sur la pierre
Leurs chiffres sont gravés, et demain j'écrirai,
D'un burin d'acier fin, ta lettre la première.

Voici la bague d'or et mon anneau sacré,
Richesse incomparable et pieux baptistaire,
Où, sur chaque feuillet du papier vénéré,
Sont conservés les jours comme en un reliquaire.

Voici la bague d'or et mon anneau sacré,
Héritage transmis aux enfants par le père.
Garde-le saintement pour qu'un fils adoré
Le reçoive de nous comme un gage prospère.

Voici la bague d'or et mon anneau sacré.

LES MARTYRS

O bienheureux martyrs, morts pour la cause aimée,
Gloire à vous les croyants d'un règne universel.
Le ciel vous souriait à travers la fumée
Du bûcher, comme un saint en marge d'un missel.

Les vents vous apportaient la caresse des palmes
Promises par Dieu même à tous ses serviteurs.
Loin du peuple ameuté, silencieux et calmes,
Vous gravissez déjà les sublimes hauteurs.

Les anges attendaient vos âmes délivrées
Pour les guider bien vite au céleste séjour.
Et, sachant de quel or elles étaient parées,
Chaque goutte de sang accroissait votre amour.

Temps d'abnégation où l'homme plein de joie
Faisait de la douleur sa force et sa beauté,
Et, jeté dans le cirque au lion qui le broie,
Regardait sans terreur l'animal excité !

TABLEAU

Si tu veux délasser tes membres de la course,
Sans craindre pour ton corps un impossible affront,
Viens laver tes pieds blancs dans l'eau de cette source;
Pour essuyer tes mains, mes lèvres suffiront.

Sous le bruissement de ces épais feuillages,
Dont je subis déjà l'attirante fraîcheur,
Je verrai les grands lys orgueilleux et sauvages
Te faire une ceinture — ô reine — de blancheur.

Sur le sable léger, un faible rayon glisse
Et met parmi les eaux mille reflets nacrés.
Rapide, plonge-toi dans l'onde avec délice,
Peureuse cependant des grands poissons dorés.

Contemple ta beauté dans ta pudeur divine,
Et ris joyeusement de tes cheveux défaits,
Tandis que ton image encore se devine
Sous le clapotement des vagues que tu fais.

Fleur éclose au milieu d'une source enchantée,
Tu sembles maintenant, grand marbre rose et blanc,
Superbe, quelque nymphe anciennement sculptée ;
Et j'entends rire un faune au bord du bois tremblant.

TRISTESSE

Tu me vois triste et viens, charmeuse et caressante,
Dans un tendre abandon, t'asseoir à mon côté.
Tu me dis souriante afin que je consente :
A quoi t'occupais-tu dans ta morosité?

Pardonne-moi, divine et chère créature,
Le parfum de tes seins m'a soudain rappelé
La très douce pitié qui faisait ma torture,
Lorsque tu t'es assise et que tu m'as parlé.

Ah! je pense à tous ceux dont la lèvre est aride,
Et qui ne mêlent point d'amour avec les fleurs;
A celui dont le front depuis longtemps se ride,
Et qui n'eut pour tout bien que la haine ou des pleurs.

Je songe en te voyant, bonne garde-malade,
A tous ceux qu'ici-bas tu saurais consoler,
Au poète qui pleure et rit de la ballade
Qu'il avait composée et n'a plus qu'à brûler...

SENSATIONS D'AUTOMNE

Mon amour sait déjà la douceur de l'automne
Après l'été, sans eau, brûlant et monotone.

Un rayon de soleil glisse dans le jardin,
Jouant avec la grappe, amoureux et badin,
Et la maison, tapie en un coin de verdure,
Étale ses murs blancs construits en pierre dure.
C'est là que je viendrai reposer et dormir,
Après les labeurs faits, comme un paisible émir. —
L'hôtesse du logis m'accable de caresses ;
Elle tient toujours prêt le trésor des tendresses,
Le poêle, s'il fait froid, dans la chambre allumé,
La table bien servie et le lit parfumé.
Un livre lu souvent maintes fois nous délasse.
Mais lorsque la fraîcheur nous défend la terrasse,
J'écoute au piano Mozart, Glück et Weber.
— Ou nous songeons tout bas aux neiges de l'hiver. —

Je ne sais rien d'égal aux dernières journées
Qui signalent la fin des fatales années.

La nature mourante a d'intimes aveux.
On dirait un malade au corps miraculeux
Qui, proche de la mort, retrouve l'accalmie.
Il se presse d'aimer; et ce reste de vie,
Il veut l'utiliser en des plaisirs subtils.
Les jours qu'il a connus autrefois, où sont-ils?
A peine il se souvient de leur triste passage;
Ils se sont dérobés sans qu'il en fît usage.
Il n'a pu s'assurer d'un délice certain.
Désirer et douter, ce fut tout son butin.
Ah! comme il va jouir de l'instant qui lui reste!
Quel bonheur trois fois sûr! Quel plaisir manifeste!
Il étreint dans ses bras le beau corps souhaité
Et s'applique à mourir ivre de volupté.

Mon amour sait déjà la douceur de l'automne
Après l'été, sans eau, brûlant et monotone.

LA SAINT-JEAN

C'est demain la Saint-Jean, la fête des villages,
Tout autour des bûchers bénits et couronnés,
Les garçons vigoureux et les filles volages
Danseront jusqu'au soir des galops effrénés.

Le paysan attache une croix à sa porte,
Pieusement tressée avec les fleurs des champs,
Pour que Dieu daigne aimer sa maison de la sorte
Et ne le frappe point à l'égal des méchants.

Faisons de même aussi. Cueillons l'herbe sacrée;
Puis dans l'humble ferveur attachons cette croix,
Pour que notre demeure, à tout jamais parée,
Ait devant le Seigneur l'aspect joyeux des rois.

LE BAISER

C'est une caresse bien douce,
Un philtre entre tous séducteur,
Une fleur vivant sous la mousse
Dont on respire la senteur.

C'est un frisson, presque une ivresse
Qui naît d'un contact capiteux;
C'est la liqueur enchanteresse
Qui guérit les plus souffreteux.

C'est sur une chair bien-aimée
Une bonne et douce chaleur,
Toute riante et parfumée,
Qui s'en va des lèvres au cœur.

Mon Dieu! sur ma bouche mi-close,
Tandis que je pense à demi,
En rêvant d'un visage ami,
Qu'un baiser serait douce chose!

L'HUMBLE PRÉSENT

J'ai ramassé pour vous ces fleurs que je vous donne,
Petites fleurs des champs sans odeur et sans prix.
Acceptez-les pourtant, puisque vous êtes bonne,
Et daignez me sourire à présent que je ris.

J'ai ramassé pour vous ces fleurs que je vous donne
Dans l'herbe des fossés, au bord du grand chemin.
Moi-même, j'ai voulu tresser cette couronne,
Et pour vous l'apporter j'ai déchiré ma main.

J'ai ramassé pour vous ces fleurs que je vous donne ;
Sur leur calice d'or tremble une goutte d'eau :
Rosée à peine bue ou larme si mignonne
Qu'elle semble une perle enchâssée à l'anneau.

J'ai ramassé pour vous ces fleurs que je vous donne.
Elles mourront demain, toutes, dans leur pâleur.
Rien ne survivra plus à la triste anémone,
Ni senteur, ni regret, ni charme, ni douleur.

J’ai ramassé pour vous ces fleurs que je vous donne.
Vous pouvez les garder vivantes à jamais,
Et ces fleurs sans odeur, pâles comme un automne,
Les couvrir d’un parfum impérissable et frais.

J’ai ramassé pour vous ces fleurs que je vous donne.
Si vous jetez au vent leurs pétales flétris,
Ne vous étonnez point que votre cœur frissonne
A voir un peu de sang couler de leurs débris.
— J’ai ramassé pour vous ces fleurs que je vous donne,
Petites fleurs des champs sans odeur et sans prix.

NE ME LE DIS PAS

Si tu sens, hélas! la fatigue
T'envahir lorsque nous marchons,
Ne me le dis pas. Sois prodigue
De tes baisers si doux, si bons.

Invente bien vite un mensonge
Dès que je voudrais t'accuser;
Que ta grave pitié prolonge
Les bonheurs qui vont s'enliser.

Ton sein n'est-il pas assez vaste
Pour que nous y reposions deux.
Je me moque que tu sois chaste;
L'amour est un vil besogneux,

Un affamé que l'on héberge,
Un assoiffé peu délicat
Qui boit, à la première auberge,
Un vin fraudé pour du muscat.

Laisse-moi l'illusion seule.
Que je t'aime sans me lasser,
Soumis ainsi qu'une épagneule
Qu'un enfant se plaît à dresser.

Quand ton caprice que j'ignore
Sera passé, tu reviendras;
Et tu t'étonneras encore
De trouver si tendres mes bras.

RUINES D'ÉGLISE

La vieille croix de bois sur son socle de pierre
Depuis quatre cents ans s'effrite par morceau;
Et le christ apeuré qui branle sous l'arceau
Ouvre languissamment une morne paupière.

Autour d'un ornement s'enroule un jeune lierre,
Et dans un bénitier pousse un frêle arbrisseau;
Des ronces sur l'autel découpent un berceau
Dont un bouvreuil a fait sa place familière.

Dans l'ombre de ces murs, sur ces parvis détruits,
Il s'élevait jadis des concerts et des bruits;
Une foule à genoux se frappait la poitrine.

Personne maintenant. Le silence est partout!
Et si demain tombait ce vieux christ en ruine,
Nul croyant n'essaierait de le mettre debout!

SÉPARATION

Séparons-nous, amie, au tournant de la route.
Tu reviens sur tes pas. Adieu, tu peux partir!
Ma course fut légère, et maintenant je doute :
Devant l'horizon noir, j'ai l'effroi du martyr.

Ah! reste encore. Attends que la nuit soit venue,
Et repose tes pieds. Vois, des fleurs ont poussé,
Partout, autour de nous. L'herbe est douce et menue.
Asseyons-nous, veux-tu, sur le bord du fossé?

Je veux du moins te faire un bouquet de fleurs blanches,
Afin que jusqu'au soir survive mon amour.
Ah! viens! de ce pommier, je vais toucher les branches
Pour humecter ta lèvre, — et tu pars sans retour.

Hélas! fuis! puisqu'enfin c'est bien toi qui m'évites;
A quoi bon prolonger ce songe inachevé?
Je fermerai les yeux tandis que tu me quittes,
Et je les rouvrirai me disant : J'ai rêvé!

FLEUR ANCIENNE

Pour vivre une heure de la sorte,
L'amour qui fait tout mon souci,
J'ai retiré cette fleur morte
Parmi d'autres mortes aussi.

Deux ans passés, je l'ai reçue
De ses chers petits doigts jolis.
Quelle espérance elle aura sue !
Que de baisers mis dans ses plis !

Aujourd'hui, toute déparée,
Gisant dans l'herbier triste et noir,
Elle est morte et décolorée :
Bien mort aussi l'ancien espoir !

Jadis, dans un désir fidèle,
Pauvre œillet, j'avais convenu
De te renvoyer auprès d'Elle.
Hélas ! serais-tu bienvenu ?

Te prendrait-elle avec colère
Pour te jeter ou te briser,
Ou sur la lèvre qui m'est chère
Chercherait-elle à te poser ?

Ni l'un ni l'autre, j'imagine ;
Elle dédaigne un souvenir
Dont elle a perdu l'origine.
Le passé n'est pas l'avenir.

Vie ! ici-bas, tu n'es qu'un leurre :
Joie et misère tour à tour.
Que m'importe maintenant l'heure,
C'est bien fini de son amour !

Désormais plus rien ne me touche.
Et cependant je l'aime encor,
Et pour un baiser de sa bouche
Je donnerais tout un trésor.

O vain désir ! vaine promesse !
Si je suis pauvre, elle aime ailleurs !
O mon amour ! ô ma jeunesse,
Souvenons-nous de jours meilleurs !

ANNIVERSAIRES

I

L'homme a peur d'oublier ses jours beaux ou néfastes.
De tous plaisirs passés et de toutes douleurs,
Comme un règne puissant dont on nombre les fastes,
Il fait des souvenirs tristes ou cajoleurs.

Il a des almanachs où les anniversaires
Sont marqués au crayon, parfois avec du sang,
Et pour lesquels lui seul possède les glossaires
Qui pourront expliquer le signe embarrassant.

Dans la chapelle étroite et close de son âme,
Ce sont des messes d'or ou des misérérés,
Dans la confusion et dans un amalgame
De cierges et de chants profanes et sacrés.

Des cloches dans son cœur sautent avec furie
Ou tintent doucement à chacun des jours dits;
Et scrupuleux dévot, il s'agenouille et prie
Vers des enfers profonds ou de bleus paradis.

II

C'est aujourd'hui ta sainte, ô ma belle ironique,
Le jour que tu gardais pour ma félicité;
Tout allait être dit. Tu devais sans panique
Reposer, sur mon sein, ton beau corps velouté.

Tu ne l'as pas voulu. Pourquoi t'es-tu reprise
Avant que ce moment désigné soit venu?
A quel orgueil étrange as-tu donc laissé prise,
Que je sois pour toi seule un vulgaire inconnu?

N'importe, j'ai voulu faire un bouquet de fête
Et l'assembler encore à ton intention.
Respires-en la fraîche odeur depuis ce faîte,
D'où tu veux établir ta domination.

Jamais parfum plus doux, à travers la fumée,
N'aura monté vers toi, pur et subtil encens;
O toi qui m'as chéri, toi que j'avais aimée!
Délices de mes yeux, volupté de mes sens!

LACHETÉ

Je voulais éprouver l'oubli de ma détresse,
Et, contre ma douleur préparant l'avenir,
Éloigner l'infidèle et jusqu'au souvenir,
Du cœur dont elle fut si longuement maîtresse.

Cet inutile effort a trahi ma faiblesse.
Mes yeux toujours pleins d'elle ont su la retenir ;
Je l'appelais sans cesse, et j'ai cru la bannir :
Sa tête sur mon front s'incline avec mollesse.

Je veux la fuir en vain, je la retrouve encor
Dans ces portraits scellés aux murs comme un décor ;
Jusque dans cette enfant qui joue avec sa balle.

Ce sont ses yeux, sa bouche ou ses caprices fous.
Elle accourt, elle emplit d'un cri toute la salle,
Et j'attends son baiser ineffablement doux.

L'INUTILE PRIÈRE

Tu m'as fui. Je suis seul, ô mon amie absente,
Et je t'attends toujours. Et malgré tes dédains,
Malgré ton inconstance et ta froideur méchante,
Je t'aime et je voudrais te prendre par les mains.

Sur ton épaule ayant mis ma tête inclinée,
Je voudrais te sourire et dans tes yeux aimés,
Retrouver mon image encor toute baignée
De ces pleurs dont mes yeux se sont accoutumés.

A genoux devant toi, timide, osant à peine,
Le cœur transfiguré par ton baiser rendu,
Bénissant de nouveau ta beauté souveraine,
Oh! comme j'avouerai tout mon orgueil vaincu!

Mais non, j'ai beau prier, tu ne sais plus m'entendre.
Ma prière est pour toi stérile et sans espoir :
C'est celle du pécheur que Dieu ne peut reprendre
Et qui courbe la tête en vain sous l'ostensoir!

CHEVEUX DE FEMME

Bruns, châtains ou dorés, flottant en longues tresses
Ou serrés sur le front comme un casque onduleux,
Leurs émanations procurent des ivresses
Si douces, qu'elles font les horizons plus bleus.

L'homme y roule sa tête et s'endort dans leur soie ;
Qu'il soit jeune ou soit vieux, alerte ou décrépit,
Ses larmes, ses baisers, ses peines ou sa joie
Y font un nid profond où son cœur se blottit.

L'amant victorieux coupe une boucle heureuse
Dont il veut composer un mystique chaînon,
Qui parmi tous les temps rejoigne l'amoureuse
A celui dont la voix est pleine de son nom.

Pure extase des sens ! c'est tout ce qu'il nous reste
Quand l'oubli nous apporte un intime regret :
Une mèche coupée en un jour moins funeste
Et que nous avions mise au fond d'un beau coffret.

CONSTANCE

Je veux t'aimer! Qu'importe et tes nouveaux refus
Et tes départs soudains dès que je dois paraître!
J'ai l'exquise douceur et le calme du prêtre
Devant l'injure atroce ou les maux survenus.

Je sais offrir la joue aux soufflets attendus;
Esclave, dans les fers, je sais bénir un maître,
Et, dans l'effort honteux que je tente peut-être,
Garder, comme un espoir, tous mes rêves déçus.

J'essuierai sur mon front la marque de l'outrage.
Et tu te lasseras sans doute, dans ta rage,
De toujours me frapper sans briser mon amour.

Après m'avoir puni, tu me plaindras toi-même :
Dans le regret tardif d'un souvenir que j'aime,
Tes yeux éprouveront mon supplice à leur tour.

CHANT DU CRÉPUSCULE

I

Voici des œillets morts et des roses fanées,
Des rubans, des cheveux et vos lettres d'amour.
— Ces lettres, dans mes doigts tant de fois retournées,
Ne les déchirez pas, cruelle sans retour.

Ne les déchirez pas; mais triste, mais pieuse,
Toutes, déposez-les dans un riche coffret,
Et versez même un peu sur la feuille oublieuse,
Goutte à goutte, un parfum pénétrant et discret.

Adieu. Pourquoi me plaindre et pourquoi vous maudire?
Nous nous sommes aimés. Je revis ce passé :
Beau songe lumineux que rien ne peut proscrire,
Voluptueux plaisir qui n'est point effacé.

Je me souviens toujours de vos bonnes caresses
Et de vos chers baisers. Vos magnétiques yeux
Peuplent mes nuits, versant la joie et les ivresses
Dans mon corps moribond, à l'égal d'un vin vieux.

Vous m'avez adoré durant des jours sans nombre.
J'ai connu près de vous l'éternel paradis ;
Ne vois-je pas là-bas flotter dans la pénombre
Les bonheurs qui me sont devenus interdits.

Un jour viendra pourtant bienheureux et splendide ;
Vous vous rappellerez notre ravissement.
Je suis l'époux divin, l'ange fort et lucide
Qui doit veiller sur vous opiniâtrément.

Dieu nous a réunis à jamais l'un à l'autre.
Ah ! vous m'appartenez dans son éternité !
Je suis votre croyance, et pareil à l'apôtre,
Votre cœur est l'église où je suis visité.

Rien ne peut maintenant prononcer le divorce
Qui pourrait ruiner notre sainte union.
L'amour a mis en nous l'indestructible force
Qui doit nous relier dans la communion.

C'est moi que vous cherchez à travers cette vie,
Moi que vous respirez, encens, myrrhe ou benjoin.
La poitrine oppressée et l'âme inassouvie,
Vous n'aurez de repos que vous ne m'ayez joint.

II

Ce coucher de soleil est beau dans cette flamme ;
Au grand vaincu du jour la mer ouvre son lit ;

Sur la crête rocheuse elle arrête sa lame,
Et la tient suspendue, immobile, en répit.

Les barques des pêcheurs avec leurs voiles blanches
Semblent de grands oiseaux repliés à demi;
Et la lune à présent qui glisse sur les branches,
Cherche pour le baiser un pasteur endormi.

Mais quoi? Serait-il vrai, tu pleures, mon amie?
La beauté du couchant, la splendeur de ce soir
N'ont-ils pas répandu dans tes sens l'accalmie,
Comme en un cœur dévot, l'odeur d'un encensoir?

Écoute. Demeurons dans cette nuit si belle.
Relisons, si tu veux, ces lettres d'autrefois,
Et que cette lecture à jamais renouvelle
Le délice oublié de nos anciens émois.

A quoi bon nous quitter aujourd'hui, quand tu m'aimes?
Il sera temps demain, dans un mois, bien plus tard,
Qu'importe? Mais du moins nous n'aurons pas nous-mêmes
Précipité sans cause et sans but le départ.

ENVOI

J'ai scellé mon cœur dans ce livre,
Mon pauvre cœur las et saignant
Des jours mauvais qu'il vient de vivre,
Loin de vous, dans l'oubli poignant.

J'ai mis sous la feuille imagée
Les heures douces qu'il connut,
L'attente triste et prolongée,
Et les maux par lesquels il fut.

Une page blanche est restée
Tout au fond, je ne sais comment ;
Mignonne, sous votre dictée,
Je veux la remplir ; seulement

Dites : Quelle sera la phrase,
Bonne ou triste, que j'écrirai ?
Sera-t-elle effroi, rire, extase ?
Songez bien que j'en pleurerai !

LA TORTURE

Quand, après bien des jours de silence et d'oubli,
Le hasard du chemin tout à coup nous rassemble
Et nous fait souvenir du temps enseveli,
        Tandis que la main tremble,

Nous cherchons vainement, à travers l'infini,
Quel orage inconnu détruisit notre rêve,
Et de l'arbre arraché faisant tomber le nid,
        L'a roulé sur la grève.

Et ne trouvant plus rien dans la nuit du passé,
Nous ne voulons pas croire à cette vie éteinte;
Nous rappelons soudain le vieux songe effacé
        Dans une douce étreinte.

Et, comme on tend les bras à l'enfant nouveau-né,
Nous avons un sourire, une larme de mère,
Pour ce nouvel amour encor tout étonné
        De n'être pas chimère.

Mais, hélas! vain désir! Déjà l'effroi nous prend,
Car nous sentons peser — implacable torture —
Sur nos fronts amaigris, le silence écœurant
De l'ancienne rupture.

Sur mon chemin pierreux pourquoi viens-tu fleurir,
Rouge comme le sang qui fuit par une artère,
Sombre fleur? De quels maux voudrais-tu me guérir?
A mon âme aujourd'hui toute chose est amère!

Hélas! si je pleurais mon amie au tombeau,
Je pourrais t'arracher à ta tige brisée,
Et choisissant pour toi le vase le plus beau,
T'apporter à sa croix comme une offrande aisée.

Mais non, le glas funèbre, au loin, n'a pas tinté.
Aucuns n'ont murmuré les prières prescrites
Qui, pour l'agonisant, ouvrent l'éternité,
A travers les cris vains et les funèbres rites.

Je suis venu, pourtant, comme jadis Hamlet,
Épier, sur les murs, une ombre fraternelle
Qui traînait à la jambe un horrible boulet,
Retenant sous l'effroi l'active sentinelle.

Vision, cauchemar ou plaintif revenant,
Spectre aimé bien connu, déjà plus que mon frère,
Qui me dit, découvrant son cœur vide et saignant :
Le bonheur, âme ou fleur, meurt vite sur la terre ;

On y touche un instant, on voudrait le saisir ;
Il est déjà trop tard ; une douleur nous reste :
Comme un dégoût profond de cet ancien désir ;
Souvenir, à la fois, qu'on aime et qu'on déteste !

*
* *

Angoisse des pardons qui ne sont pas venus !
J'ai fléchi les genoux et j'ai demandé grâce.
Lâche, j'ai confessé des crimes inconnus,
Dont l'horreur, dans la nuit, m'épouvante et me glace.

Rien n'a fait. L'infidèle a détourné ses yeux ;
Elle a fermé l'oreille à ma vaine prière.
Tranquille, indifférente, avec des chants joyeux,
Elle a passé superbe au fond de la clairière.

Que m'importe à présent la fleur sur mon chemin ?
L'oubli, l'oubli profond, c'est toute ma demande ;
Le parfum de la rose, à mon cœur inhumain,
Éveille même encor une douleur trop grande.

ANCIENNE ROUTE

J'ai refait le chemin que j'avais tant suivi.
Je voulais de nouveau revoir la vieille église,
Dont le décor rustique à mes yeux symbolise
Un passé généreux qui m'a longtemps ravi.

Je notais chaque joie, et le cœur asservi
Aux lointains souvenirs que l'ombre idéalise,
J'avais, comme un enfant, la mémoire précise
D'un rêve merveilleux qui m'avait poursuivi.

Quand j'arrivai, pourtant, je ressentais la crainte
De ne plus voir aux murs d'autrefois cette empreinte
Qui devait me livrer seule un ancien trésor.

J'avançais. O destin! inutiles alarmes!
C'était la même église avec ses cierges d'or,
Ses images, ses saints et son doux Christ en larmes!

LE BONHEUR

Le bonheur, c'est l'ombre légère
    Qui passe et fuit,
La flamme errante et mensongère
    Parmi la nuit.

Nous croyons qu'il frappe à la porte,
    Et nous ouvrons ;
Le vent seul ou la feuille morte
    Baise nos fronts ;

Nous demeurons de longues heures
    Pour écouter ;
L'âme, en vain, prise dans les leurres,
    Cherche à douter.

Nous vieillissons, la mort approche,
    Et le tombeau
Reste alors l'espoir le plus proche
    Et le plus beau.

PARDON

Quand il fut bien prouvé que je t'avais perdue,
Pour te reconquérir, hélas! comme autrefois,
Du prêtre, dans son deuil, prosterné sous la croix,
J'essayais vainement la prière assidue.

De même que Jésus sur cette route ardue,
J'ai gravi le calvaire et suis tombé trois fois;
Et j'ai senti les clous qui m'attachaient au bois
Pénétrer dans ma chair délirante, éperdue.

Le baiser de Judas est resté sur mon front.
Mais j'ai dit à mon Dieu : « Pardonnez cet affront!
De chacun de mes pleurs faites naître des roses,

Pour que sur son chemin tapissé de clarté,
Elle aille, indifférente à l'oubli de ces choses,
Dans l'éblouissement de sa sérénité! »

UN VIEUX LIVRE

Ce livre de prière est comme un vieux musée,
Plein d'objets poussiéreux aux yeux du visiteur,
Et riche toutefois, sous cet air de risée,
D'un trésor envié de maint explorateur.

Il exhale une odeur sépulcrale et rancie,
Forte et pourtant très fine à l'odorat subtil ;
Tel un corps parfumé dont on fit l'autopsie
Et qui gît, dans un coin, cadavre abject et vil.

Que de secrets sont là sous cette couverture,
Enfouis pêle-mêle au milieu des feuillets :
Lettres dont je ne peux déchiffrer l'écriture,
Cheveux, rubans, dessins, roses, jasmins, œillets.

Je restitue en vain leurs senteurs et leurs formes ;
Une vie était là qu'ils retiennent moqueurs :
Douleur, joie ou regret. O temps qui nous transformes,
N'écris-tu nulle part le secret de nos cœurs !

*
* *

Marinette, on m'a dit que vous étiez méchante ;
Vous répandez la honte ou le propos qui nuit.
— Mais quoi ? — Je vous aimais, vous m'avez éconduit.
Et là-dessus les gens pensent : l'impertinente.

Ils veulent qu'aisément je me console et chante,
Disent, si je vous perds, que le bonheur me suit,
Et que, pour vous, agir sans fracas et sans bruit,
C'est le moins qu'eût dû faire une fille prudente.

Mais moi, qui me souviens de votre charité,
J'ai laissé discourir et n'ai point écouté.
J'ai gardé dans un coin de ma lèvre un sourire

Que vous aviez mis là jadis dans un baiser,
Et n'imagine pas, bien qu'on ait pu me dire,
Que vous eussiez changé de cœur pour m'abuser.

***

Fuyons de ce sentier, amis, je vous en prie ;
De tristes souvenirs sont restés dans ces lieux :
Rien qu'à les rappeler, mon âme endolorie
Sent des larmes à flots s'échapper de mes yeux.

Effeuillez cependant l'aubépine fleurie ;
Menez par ce chemin, avec des chants joyeux,
Comme autour de Jephté, pâle et victorieux,
Des Filles de Jacob la folle théorie.

Ah ! j'ai ri comme vous devant toutes douleurs.
Vers le crucifié, pour essuyer ses pleurs,
J'ai tendu le rameau d'épines, ô barbare !

J'ai frappé de la lance et souri de l'effroi ;
Et, de toute pitié le cœur toujours avare,
J'ai sur la croix d'ébène insulté l'homme-Roi !

ETIAM PERIERE RUINÆ

Voici : je tends vers vous mes suppliantes mains,
Mais n'ayez pour cela ni fierté, ni sourire,
Car vous êtes l'idole impassible aux humains,
Et que des dieux nouveaux un jour doivent proscrire.

Je suis le dernier prêtre et le dernier croyant
Qui vienne encor prier sur vos chaises désertes;
Et mon cri trouble seul le silence effrayant
Des autels profanés ou des châsses ouvertes.

L'étoile du berger brille sur l'horizon.
Les mages sont partis avec des saches pleines,
Et sur l'enfant Jésus, dans la sainte oraison,
Ils ont fait tomber l'or et les fruits par centaines.

Voici l'aube bientôt, l'aube des nouveaux jours.
Les cultes des dieux morts n'auront plus de fidèles;
— Et dans les puits sans fond les anciennes amours
Descendent se mêler aux croyances rebelles !

***

Ma tête entre vos bras, je vais dormir une heure,
Et puis je partirai. Ne croyez point pourtant
Que je vous aime ou veuille, hélas! vous attristant,
Payer de serments faux l'instant que je demeure.

Vous voulez pénétrer ma vie antérieure.
A quoi bon ce récit pour moi seul irritant?
Vous m'en aimeriez moins, je souffrirais autant;
Nous tenons plus caché le secret qu'on effleure.

Voici. J'ai trop aimé, trop pleuré, trop souffert;
Et l'amour m'a broyé comme un carcan de fer.
Le mal est si profond qu'il est inguérissable.

Je saigne de l'oubli cependant que je veux,
Comme un blessé qui râle, étendu sur le sable,
Rouler mon front sanglant dans l'or de vos cheveux.

PRÉVOYANCE

Oui, toute une heure encor, c'est bien, je veux t'aimer.
Mais ce nouveau baiser sur ta lèvre altérée
Rendra plus triste un jour la fuite différée.
La tombe qu'on rouvrit est lourde à refermer.

Quittons-nous. Si demain allait se reformer
Dans nos cœurs un désir d'inégale durée ;
Si tu m'allais chérir, si mon âme attirée
A regret, dans ton âme, allait se consumer !

Malgré ce long frisson, ce plaisir, ces ivresses,
Ces parfums tout vibrants pareils à des caresses,
L'oubli reprendrait vite ou ton cœur ou le mien.

Nous souffririons alors d'une étrange torture :
Toi, de m'avoir quitté malgré l'amour ancien,
Moi, de t'aimer toujours quand tu serais parjure.

DERNIER ADIEU

Adieu, c'est bien fini, je ne veux pas prier ;
Mes larmes cette fois ne mouillent pas ma joue.
Pars sans te retourner, et si ton cœur se joue,
Que nul regret, du moins, ne vienne t'effrayer.

Je te quitte, oublieux, comme après une fête,
Ne reconnaissant plus les gens qu'on a croisés,
Dominos inconnus, convives déguisés ;
On va le cœur riant et l'âme satisfaite.

J'aurais dû le savoir ; tu ne peux pas m'aimer.
Aussi je ne veux plus écouter ma colère.
Pars. J'ouvre devant toi la grand'porte cochère.
Adieu, je vais t'aider moi-même à refermer.

Tu m'auras fait souffrir. Pourtant je te pardonne.
Et, si tu le voulais, je voudrais t'embrasser :
Ce baiser, le dernier, le plus cher à fixer,
A des charmes nouveaux dans cet air qui frisonne.

Mais, peut-être, il vaut mieux éloigner cet instant.
Ah! fuis! je deviens fou quand je sens ton haleine :
— Je te regarderai t'en aller dans la plaine,
Cependant que la nuit descendra m'attristant.

SUR UNE SAINTE VIERGE

Dans un cadre tout ruiné,
Une sainte Vierge Marie,
A deux genoux, mains jointes prie,
Le visage de pleurs baigné.

Elle garde l'air prosterné
Qu'elle avait sous la croix chérie,
Quand, pour nous rendre la Patrie,
Son fils, Jésus, fut condamné.

Sur qui pleures-tu, notre mère ?
Et pourquoi ta douleur amère
Vit-elle depuis si longtemps ?

Chaque homme aurait-il un calvaire
Qu'il lui faut gravir à pas lents,
Sous le fouet, les reins chancelants ?

LE PAPILLON

Laisse-moi raser l'herbe verte,
Ne me prends pas dans ce filet,
Ma rose à présent s'est ouverte
Et délace son corselet.

En vain, loin de toi, je voltige,
Enfant, pourquoi t'acharnes-tu
A convoiter comme un prestige
L'éclat dont je suis revêtu?

Mes ailes d'or sont si fragiles
Qu'un vent léger les briserait;
Leur couleur, sous tes doigts agiles,
En poussière se répandrait.

Que feras-tu de mon squelette?
Tu m'attacheras méchamment
Au mur ou sur une tablette,
Avec un grand ravissement.

Je serai là dans la souffrance,
Faible insecte martyrisé,
Et bientôt, dans l'indifférence,
Tu me jetteras tout brisé.

Laisse ton cruel stratagème,
Ce piège traître de satin.
Je retourne à la fleur que j'aime ;
Elle m'a dit : Viens ce matin.

Oh ! Vois combien je suis loin d'elle.
Peut-être un autre papillon
Déjà la frôle de son aile
Dans un rapide tourbillon.

Ne me poursuis plus, je t'en prie,
J'aperçois là-bas le rosier
Sur lequel ma beauté chérie
S'incline au vent, comme un osier.

Si j'allais retrouver l'aimée,
Belle insoucieuse à présent ;
Si sa corolle était fermée
Sur un beau papillon luisant ?

Puisses-tu ne jamais apprendre,
Enfant, tout ce qu'on peut souffrir
D'un amour que l'on vient nous prendre
Et dont nous n'avons qu'à mourir !

LIT D’ENFANT

Pauvre petit lit d’écolier,
Aux rideaux roses de dentelle,
Où j’ai dormi sous la tutelle
De l’ange bon et familier.

Sur l’oreiller hospitalier
Revit ma jeunesse immortelle;
Et la Vénus de Praxitèle
N’a pas ce contour régulier.

Temps aimés dont les heures brèves,
Disaient, chantaient toutes mes rêves.
O charmes! ô biens! ô loisirs!

Pour bercer nos cœurs d’espérance,
Nous ne couchons plus nos désirs
Dans les chers lits de notre enfance!

MONASTÈRE

Jadis, quand le fardeau des regrets survenus
Pesait trop lourdement sur l'échine voûtée,
Et que l'homme et la femme, ainsi que Prométhée,
Voyaient de forts vautours leur ronger les seins nus,

Ils allaient s'enfermer en quelque monastère
Où des moines heureux priaient dévotement,
Et, dans la pénitence et le recueillement,
Ils suivaient, sans combat, la règle autoritaire.

Chacun fuyait ainsi la honte ou le martyre,
Loin des yeux ténébreux de la tentation ;
Et les grands tourmentés que la menace attire,
Y concevaient l'effroi de la rébellion.

Pécheurs édifiants, divines pécheresses
Dont l'histoire pieuse a rapporté le nom,
Que ne puis-je assurer mon cœur dans vos tristesses,
O douce La Vallière, ô grande Maintenon !

TRANQUILLITÉ

Oh! les mortels heureux pour qui tout est prière,
La joie ou la douleur, les maux ou le plaisir!
Ils égrènent sans cesse un éternel rosaire
Vers des dieux toujours prêts à combler leur désir.

Le grain des chapelets use leurs mains viriles.
Ils prieront, jamais las, jusqu'en l'éternité ;
Les *pater* douloureux et les *ave* fébriles
Font leur âme puissante et leur cœur enchanté!...

Ils vivent dans ce monde, hôtes d'un court passage,
Ayant les pieds sur terre et les yeux dans le ciel;
Ils tentent ici-bas un fier apprentissage,
Et font d'un jour promis leur but essentiel.

La mort pourra les prendre, et vienne même l'heure
Où les beaux paradis s'ouvriront devant eux,
Sans craindre un seul instant que leur vœu soit un leurre,
Ils fermeront sur eux le tombeau généreux.

LA DOULEUR VOULUE

Je suis l'amant transi de toute beauté vierge,
Je hais les froids contacts et n'ai d'amour au cœur
Que pour la Vénus fauve et dont le sein s'immerge
Dans un lourd océan de honte et d'impudeur.

Quand je presse sur moi sa poitrine opulente,
Je sais de ses baisers le mensonge avéré;
Et je n'ai point de cris quand son ongle s'implante
Dans ma chair qu'il laboure et déchire à son gré.

Je n'ai point davantage une haine subite
Qui me pousse à maudire ou frapper le bourreau;
Mais en moi la pitié délicieuse habite
Comme au fond d'une tombe un mystique flambeau.

Je désire ardemment le crime et la blessure,
Pareil à ces martyrs des persécutions
Dont la volonté douce avivait a torture,
Comme une offrande heureuse au Dieu des Nations.

CHANSONS D'AVEUGLE

Oh! les vieilles chansons d'amour sentimentales
Qu'on écoute parfois derrière les volets,
Tandis qu'un pauvre aveugle, hôte des capitales,
Racle un aigre instrument sur le seuil d'un palais!

Je ne sais rien de triste et d'aussi lamentable
Que ces accords plaintifs et ce chant démodé,
Sur lesquels ce honteux dresse l'heureuse table
A laquelle il s'assoit comme un bon prébendé.

Je me sens pris alors d'une vague tristesse,
D'un virulent dégoût de tes rythmes chéris,
Poésie, ô mirage, ô vaine prophétesse,
Qui nous promets toujours de mirifiques prix.

Oui, quand nous employons tes merveilleuses rimes
Pour ressaisir l'amante oublieuse de nous,
Nous sommes ces maudits, et comme eux, nous souffrîmes
De la faim qui bientôt fait ployer leurs genoux.

LES ÉGLISES

Une lampe sans cesse illumine leurs voûtes,
Image d'un Dieu même et de l'Éternité :
Les ténèbres d'en haut pourraient s'épandre toutes
Sans obscurcir jamais l'humble et douce clarté.

Depuis des milliers d'ans, elles se tiennent droites
Sur les peuples debout qui pressent leurs piliers,
Confusément mêlés dans leurs salles étroites,
Comme un troupeau nombreux en des parcs séculiers.

Soumis et confondu par leurs luxuriances,
Le chrétien s'agenouille avec dévotion,
Dans la tranquillité des heureuses croyances,
Et tire son espoir de sa simple action.

— Au sein de quelle église ai-je dit mes prières,
Qu'on n'y voit ni clartés, ni saints, ni paradis,
Ni d'autels décorés, ni de blanches clairières?
C'est un enfer lugubre où râlent des maudits !

LA FLEUR EMPOISONNÉE

L'enfant coupe une fleur des régions d'Afrique
Qui lui paraît si belle et si rare en couleurs,
Qu'il la regarde ainsi qu'un trésor chimérique
Des fabuleux pays auxquels il songe en pleurs.

Il pense, sans effort, à des mers toujours bleues,
A des jours sans devoirs, sans livres, sans leçons,
A de vierges forêts loin des tristes banlieues,
A de rouges oiseaux cachés dans les buissons.

Il approche la fleur de ses lèvres rosées.
La mère vigilante a vu le geste, accourt
Et jette sur le sol les feuilles écrasées.
Enfant, c'est un poison; ton rêve serait court.

Ainsi quand tu parais, femme, idole, magie,
Déesse, vierge d'or, nous nous attendrissons.
Ah! que ne mettons-nous toute notre énergie
A briser cet autel que nous te bâtissons!

LES SUPPLIANTES

Heurtant leur front d'ivoire à la porte du temple,
Et déchirant leur robe entr'ouverte au genou,
Elles montrent en vain au Dieu qui les contemple
L'implacable morsure et leur supplice fou.

Leur troupe a ses afflux comme l'eau des marées,
Mais le flot qui monta ne redescend jamais.
Elles pressent la rive, et leurs masses serrées
Luttent éperdument dans un cloaque épais.

Suppliantes, mes sœurs, débiles amazones
Qui tordez vos cheveux sur vos seins pantelants,
Ne tendez plus vos bras vers les magiques zones;
Le ciel est vide et froid sur les mondes brûlants.

La terre pour fleurir a besoin qu'on l'engraisse
De cadavres humains épars dans les sillons :
Le désir est le vers qui nous ronge sans cesse
Pour nous décomposer sous nos pauvres haillons.

UN PORTRAIT

Je l'ai gardé. Pourquoi? Je ne m'en souviens plus.
Je ne sais même pas qui l'a mis dans ce livre,
Portrait jadis aimé, que le hasard me livre,
Et qui me parle bas de palais vermoulus,

Écroulés, dans un jour, par un ciel sans nuage,
Au milieu de l'orgie et du riche festin
Que mon cœur sans remords (ainsi qu'un libertin
Qui s'enivre d'amour, de vin et de tapage)

Faisait avec sa joie et sa félicité.
Mane, thecel, phares! Les ruines sont faites.
Les pieds rudes et lourds des superbes défaites
Ont ravagé mon sein comme un tigre excité.

Mais à l'œil du soldat belle est la forte entaille. —
Je contemple mon cœur débile et généreux,
De cet orgueil profond du guerrier valeureux
Qui compte une blessure avec chaque bataille.

L'IMPUISSANT TRIBUNAL

Exécuteur sanglant des sombres destinées,
Tu traînes par le monde un sinistre appareil,
O femme ! et l'homme en peur s'agenouille pareil
A quelque Dieu vaincu des antiques années.

Esclaves, sans combats, nous t'apportons nos cœurs.
Tu poses sur nos fronts le baiser de l'amante,
Et, forçats désormais d'une tâche infamante,
Tu façonnes nos chairs avec tes doigts vainqueurs.

Il arrive pourtant que, lassés du supplice,
Nous brisons notre chaîne et te lions avec,
Dans l'impassible orgueil auquel tu fis échec,
Lorsque régnait sur nous ta subtile malice.

Nous te traînons ainsi devant un tribunal
Pour t'y juger en forme et rompre ta tutelle,
Mais tu sais le pouvoir de la beauté charnelle
Et livres aux regards ton corps jeune et vénal.

LA PLUIE

Il pleut. Je viens m'asseoir au bord de la fenêtre,
Et regarde distrait, joyeux et complaisant,
Les larges gouttes d'eau s'effacer et renaître
Sur le pavé des cours, propre, net et luisant.

Un livre devant moi s'ouvre à la bonne page,
A l'endroit du récit que j'ai le plus goûté ;
Et paresseux ainsi qu'un poète ou qu'un page,
Je poursuis un doux rêve avec sérénité.

Je me berce à loisir d'une ancienne romance ;
Car j'aimais autrefois les longs jours pluvieux :
C'étaient les jours bénis, les jours d'accoutumance
Où nous restions dans la chambre, tels que des vieux.

Que les baisers sont bons quand la neige et la pluie
Battent la vitre épaisse et le sol argileux,
Et que la chère aimée à vos lèvres s'appuie,
Se serrant près de vous comme un oiseau frileux !

VILLÉGIATURE

Mon cœur oublieux est en villégiature.
Il habite un vaisseau depuis dix jours en mer
Et s'y repose en paix dans la bonne imposture
Et l'air frais et salin monté du gouffre amer.

Mais j'entends le cri sourd de l'homme de vigie :
Terre... Et, dès cette nuit, la barque atterrissant,
Les anciennes douleurs reprendront leur orgie,
Faisant dans ma poitrine un bruit assourdissant.

Tels des grelots dorés sur le corps des folies,
S'agitent bruyamment par secousses, par bonds,
Et jettent au milieu de pâles mélodies
L'éclat grêle et criard de leurs multiples sons.

Ils traversent le bal d'une note endiablée,
Et les danseurs actifs à leurs gais carillons
Dessinent, autour d'eux, comme une courbe ailée
Qui s'étend prompte et large à travers les salons.

EXPÉRIENCE

Revenir quelquefois vers la tombe inconnue
Où le plus pur de nous gît squelette rongé,
Et chercher vainement sur cette forme nue
Le jeune adolescent dont nous prîmes congé ;

Dans un lit insipide et par un ciel sans lune,
Presser entre ses bras les vieux rêves défunts,
Où dans une Venise, au bord de sa lagune,
N'éveiller, sur les eaux, ni barques ni parfums ;

Tendre au bord du chemin la sébille à l'aumône,
Étalant sa hideur sous les yeux du passant ;
Dévot, s'agenouiller devant une madone,
Et garder à la bouche un blasphème indécent ;

C'est là le fruit promis à notre expérience,
Le grain mis en grenier quand nous aurons vécu.
— Et l'homme, fier soldat de la vaine science,
D'une lutte incessante est toujours le vaincu.

TESTAMENT

Lorsque je dormirai sous quatre pieds de terre,
Dans un enclos désert que vous ne saurez pas,
Entre la vieille église et le vieux monastère,
Ayant fini sans vous mon voyage ici-bas,

Vous ouvrirez alors cette enveloppe noire
Où j'ai mis tout au long mes seules volontés,
Écrites dans un jour de repos et de gloire,
Et dans l'oubli venu des anciens deuils portés.

Ne cherchez pas mes os dans ma tombe inconnue
Pour construire un palais sur leurs restes épars;
Je ne veux pas d'un temple orgueilleux sous la nue;
Je ne veux pas des pleurs qui suivent les départs.

Mais plantez un rosier près de l'ancienne allée
Où nous errions parfois aux mystiques pâleurs
D'une lune rieuse ou tendrement voilée;
Et mon âme pour vous fleurira dans ses fleurs.

CONSCIENCE

S'il est de lourds devoirs et de plus lourdes chaînes,
Si chaque homme ici-bas est victime ou bourreau,
Si les glaives fourbis pour des luttes prochaines
Sont toujours à nos poings tenus hors du fourreau ;

Si Dieu lui-même ordonne un combat fratricide
Et dirige les coups pour mieux nous égorger ;
Si notre volonté n'a que le suicide
Pour prouver sa vigueur et pour nous dégager,

La victime niera la sagesse infinie
Dont l'âme responsable était l'essentiel,
Et, dans le dernier cri de l'horrible agonie,
Jettera l'anathème à la face du Ciel.

Le bourreau, fatigué d'une besogne infâme,
Qu'il doit toujours poursuivre, ainsi qu'il est écrit,
Laissera choir l'épée et brisera la lame
Sur l'emblème abhorré d'un Dieu vil et proscrit.

INVITATION

*A Mme ****

Il est des souvenirs qui vivent des années;
D'autres meurent si vite et si profondément
Qu'ils font le cœur semblable à ces robes fanées
Que l'on n'usa jamais, on ne sait pas comment.

Quelquefois, seule à seule, on voudrait les remettre,
Et l'on trouve piquant d'errer dans le salon,
En jupe démodée au large périmètre,
L'air fade et maniéré de la tête au talon.

Un charme capiteux monte de la dentelle
Comme d'un vin du Rhin dont on s'est délecté,
Et doucement grisé, l'esprit faible s'attelle
A quelque monument de gloire et de beauté.

Les rêves endormis brisent leurs chrysalides
Dans un coin précieux de nos cœurs, tour à tour,
Et, lumineux points d'or, montent belles sylphides,
Brillantes de couleurs, de lumière et d'amour.

— Les habits d'autrefois qu'on peut remettre un jour!

BUCOLIQUE

Voici mon frais bouquet de jasmins et de roses.
Je ne suis qu'un berger très pauvre et sans mouton,
Et n'ai jamais, je crois, possédé d'autres choses
Que ma musette vide et ce léger bâton.

Si je ne peux t'offrir un vêtement de laine
Découpé dans la peau chaude d'une brebis,
Ni même t'apporter ma grande tasse pleine
D'un lait pur et fumant qu'on vient de traire au pis,

J'ai deux bras vigoureux pour te presser la taille,
L'ombre du large chêne où je dormais petit,
Du pain bis et des noix ; et jamais valetaille
Ou maître n'a mangé d'aussi bon appétit.

Et j'ai ma flûte aussi, Cloé, que je te donne.
Phébus, dieu des chansons, a daigné m'écouter ;
Et toi-même, ô plaisir, durant les soirs d'automne,
A mes accords divins tu te plais à chanter.

A UNE ORGUEILLEUSE

Au fond du coupé bleu qui porte une couronne,
Vous traversez la rue avec vos deux laquais,
Et vous vous complaisez dans vos airs de baronne
Comme une injure insigne à nous pauvres valets.

Vous avez une taille élégante et parfaite,
Des yeux noirs tout chargés de flammes et d'éclairs ;
Le monde à vos genoux cherche à vous faire fête ;
Nous éveillons en vous nos rêves les plus chers.

Mais vous nous méprisez, vous sachant jeune et belle.
Éprise, dans vos nuits, d'un immortel amant,
Danaé, vous rêvez la caresse immortelle
D'un dieu jeune et superbe et son embrassement.

Mais les dieux sont tombés dans la mer des Cyclades ;
L'habitacle est désert et vous seule espérez :
Il est passé le temps des folles escalades
Où la beauté terrestre eut les cieux pour degrés.

LES ÉVENTAILS

Lumineux éventails, coquets et parfumés,
Qui frôlez le sein blanc des naïves amantes,
Et faites miroiter dans vos lames charmantes
L'essaim frêle et joyeux des amours costumés;
Lumineux éventails, coquets et parfumés,

Au pays du soleil, des chants, des castagnettes,
Vous êtes le vent frais, léger et bienvenu
Qui caresse, amoureux, le cou des vierges nu,
Comme des doigts légers les grêles épinettes,
Au pays du soleil, des chants, des castagnettes.

Vous êtes l'alphabet des amoureux furtifs,
La terreur des jaloux qui surveillent la poste,
Et sont toujours tapis dans l'ombre de l'imposte
Comme un voleur en quête ou de prompts fugitifs.
Vous êtes l'alphabet des amoureux furtifs.

Vous donnez à l'amant, sans discours et sans lettre,
L'annonce convenue ou le cher rendez-vous;
Et vous cachez bien mieux que l'épaisseur des loups,
Le visage imprudent qui peut se compromettre
Aux rendez-vous donnés sans discours et sans lettre.

PETITES FILLES

J'aime leurs jeux bruyants à l'ombre des pelouses.
Leur rire me transporte au delà du réel.
Je me plais à chercher sous leurs mignonnes blouses
Cette maturité de l'être originel.

Je les suis attentif, avec des yeux de mère,
Qui dans ses chers petits contemple sa beauté,
Ses amours, son espoir, et la bonne chimère
Dont elle a chaque jour fait sa félicité.

Je goûte sans remords des caresses exquises
Et d'intimes plaisirs dont je sais les douceurs,
Rien qu'à les regarder (sous leurs airs de marquises
Ayant déjà le charme et l'instinct séducteurs).

J'allume, dans leurs yeux, une étoile aimantée,
Je les orne en pitié comme le meilleur don.
Et l'épouse à venir que j'aurai convoitée,
N'aura pas leur pudeur ni ce tendre abandon.

L'HIVER

L'hiver, c'est la saison des neiges et des froids.
Les volets sont fermés et les portes sont closes ;
Près de l'âtre allumé les récits et les gloses
Déroulent l'écheveau des contes pleins d'effrois.

— L'hiver, ce sont les bals, les jeux et les toilettes,
Les chuchotements doux à travers les polkas,
Les joyeux cotillons qui ne finissent pas,
Les cadeaux, les bonbons, Noël et ses emplettes.

Ce sont les nuits d'amour où les lits sont si gais,
Où près de l'être aimé, de la femme chérie,
L'homme est si près du Ciel qu'il n'a plus de patrie
Dans cette floraison des baisers prodigués !

L'hiver, c'est le bonheur à deux et sédentaire ;
C'est le nid qu'on prépare et l'enfant désiré ;
C'est l'aube du printemps, c'est le sommeil sacré,
C'est le grain qui mûrit dans le sein de la terre.

INVOCATION

Madone souriante, étrange et solennelle,
Que des milliers d'humains sont venus supplier,
Élargis, sur mon front, les plumes de ton aile,
Et berce mes ennuis d'un rythme régulier.

Celui qui t'implorant, vierge douce et rustique,
A cru dans ton amour, est consolé, dit-on;
L'infirme se redresse, et le paralytique
Aux parois de ta grotte attache son bâton.

Je m'agenouille aussi. Ma foi forte et robuste
Ne craint pas de surprise ou de duplicité.
L'âme sept fois trempée au sein du fleuve auguste,
L'immuable douleur fait ma sincérité.

Guéris-moi du tourment des amours éphémères,
— Torrents éclos l'hiver, que l'été doit tarir, —
Et rends-moi de nouveau les fatales chimères
D'un cœur jeune et fervent — rose qui veut s'ouvrir.

L'ILE LOINTAINE

Bien loin d'ici, je sais une île vaporeuse,
Aux contours indécis, pleine de bananiers.
La mer y vient mourir silencieuse et creuse
Un port tranquille et frais chéri des mariniers.

Mon vaisseau, maintes fois, vogue dans ces parages,
Et je descends à terre avec mes matelots :
Rêves bleus, songes fous, illusions, mirages,
Qui toujours avec moi naviguent sur les flots.

Des vierges, au front d'or, cachant leurs seins pudiques,
Viennent m'apporter l'eau pour me désaltérer,
Sous le rythme ondoyant de leurs pas mélodiques,
Frappant le sol léger qu'elles font soupirer.

Je voudrais contempler leur belle architecture,
Chacune se dérobe à mon baiser nerveux...
— Et je les trouve encor dans ma blanche mâture
Dont j'ai fait le cordage avec leurs blonds cheveux.

A UNE JOLIE FEMME

La Grèce d'autrefois vous eût faite déesse.
Dans l'Olympe immortel, à côté de ses dieux,
Elle vous eût assise; et, pour vous, dans l'ivresse,
Jupiter eût versé le nectar radieux.

Ou vous auriez été l'étoile bienheureuse
Éclose dans la nuit sur les fronts bien-aimés,
Et que le pâtre encor, sur sa route pierreuse,
Voit luire, après le jour, dans les cieux enflammés.

Notre siècle a détruit, hélas! l'apothéose.
Les dieux morts sont déchus de leur vieille splendeur;
Aucun astre là-haut ne s'allume sans cause,
Et l'astronome sait leur nombre et leur grandeur.

Mais nous aimons toujours d'une force puissante,
Dans un impérissable et sauvage désir,
La beauté magnifique et la chair frémissante
Qui palpite à jamais sous l'aile du plaisir.

LE POÈTE

Sous les abat-jour verts des souriantes lampes,
De l'orgueilleux salon au tranquille grenier,
Ainsi qu'un amateur de livres ou d'estampes
Qui fouille avec ardeur en un grand cartonnier,

Le poète s'assoit autour des longues tables,
Et regarde chacun, de ses yeux aimantés,
Comme s'il épelait sur des cœurs véritables,
Le livre des douleurs ou des postérités.

Distributeur fécond des palmes ou des hontes,
Amant de toute vierge et de toute vertu,
Sa plume vigoureuse établit tous les comptes
Et dresse le bilan de chaque individu.

Il parle sur le trône ou monte dans la chaire,
A tous les souffreteux fait luire un paradis,
Et, sublime vendeur, met les cieux à l'enchère
De tous les besogneux et de tous les maudits!

LA RANÇON

Douce reine, idéal, vierge pure, Marie,
Pour les jours où mon front s'est reposé sur toi,
Pour l'unique baiser de ta lèvre chérie,
Hostie et vin sacrés, miraculeuse foi !

Si tu me fuis jamais, je ne veux pas, avide
De ta douleur, les yeux méchants, le cœur haineux,
Comme d'un roc pesant qu'on lance dans le vide,
T'accabler du remords lourd et vertigineux.

Je répandrai sur toi les parfums d'Arabie,
Le chant des violons bercera ton sommeil ;
Et même si ma mort est douce à ta lubie,
Je tremperai ma lèvre en un poison vermeil.

Ne m'as-tu pas offert ton sein dans la souffrance,
Pour m'y bercer une heure au bruit de ta chanson ?
Qu'importe ton caprice ou ma sotte espérance,
Ta minute d'amour a payé ta rançon !

LES YEUX

Les yeux, les chers yeux sont des phares allumés
Par un veilleur prudent, agile et charitable,
Dans la nuit de nos cœurs, sur les rocs embrumés,
Au-dessus de l'épave, au pied des bancs de sable.

Ils brillent d'un éclat fixe, égal et pareil,
Afin de nous garder de honte ou de naufrage;
Ils reposent sur nous durant notre sommeil;
Ils sont la rade immense à l'abri de l'orage,

Où la barque en péril trouvera le salut.
Yeux précieux et noirs, beaux yeux de l'adorée
Qui m'avez regardé, vil et mis au rebut,
Et m'avez retiré de la fange abhorrée,

Réchauffé par les feux dont vous êtes remplis,
Je baise saintement vos mystiques prunelles,
Et marche à la clarté de vos flammes jumelles
Dans un chemin nouveau de roses et de lis.

LE DRAPEAU

Il se déroule au vent, et le clairon alterne,
Accompagnant sa marche à travers le quartier.
Conscrit, prends ton fusil, ton sac et ta giberne,
Et tiens-toi haut et ferme, ainsi qu'un vieux troupier.

Ce chiffon, ce lambeau d'étoffe, c'est ton âme,
L'âme des vieux guerriers et des illustres preux ;
La France, la patrie est là dans cette flamme ;
Salue, et marche au pas, alerte et vigoureux.

Nous te dirons ce soir, aux récits de chambrée,
Par combien de chemins ce drapeau s'en alla ;
Lis tous ces noms qu'il porte : inscription sacrée
Des combats glorieux que l'on a livrés là.

Ce rouge, c'est le sang des anciens qui périrent
Pour lui faire une gloire ou garder son renom ;
Et quand ton tour viendra de lutter comme ils firent,
Jeune soldat, sans peur, marche fier au canon !

FOI

Cœur terrassé trois fois par l'ongle d'une femme,
Ton calvaire effrayant ne t'a pas ralenti
Dans ton ascension vers cet horrible drame
De l'homme mis en croix par l'esclave apprenti.

Tu gravissais toujours la montagne fatale,
Le fouet déchiquetait tes muscles en lambeaux.
Sur le rocher neigeux, comme une ombre s'étale...
Tu ne voulais pas voir descendre les corbeaux.

Tu marchais, rayonnant de lumière et de gloire,
Injurié, courbé, sans orgueil ni mépris.
Pour apaiser ta soif, tu pris l'éponge noire
De fiel, et rendis grâce, ébauchant un souris.

Saignant, brisé, tordu, sous les vautours par bandes,
Quand tu fus bien cloué sur ton gibet d'horreur,
On eût dit que le ciel t'ouvrait ses portes grandes
Tant tu parus joyeux dans l'inique terreur.

PASTORALE

J'aime en un cadre d'or une fine peinture,
Paysage où l'on voit des bergers tout fleuris
Et des dames, avec des houlettes de prix,
Garder de blancs moutons nourris de confiture.

Les loups ne viennent point dans ces bois si charmants ;
Mais les amours, par groupe, y prennent leur volée,
Ou gambadent joyeux sous la propice allée
Qui favorisera le baiser des amants.

Daphnis poudrés de blanc, séduisantes bergères,
J'eusse aimé de garder des brebis comme vous,
Et, tout près de Marie, ou bien à ses genoux,
J'eusse aimé de jouer de ses tresses légères.

Temps subtils et mignards ! Qu'êtes-vous devenus
Parcs ombreux et chéris de Marie-Antoinette,
Diseurs de madrigaux, douce et tendre saynette,
Chèvres broutant de l'herbe autour des sylvains nus ?

LES MÉDAILLONS

Ils sont d'or ou d'argent, unis ou ciselés,
Un chiffre est au milieu que nous avons fait mettre.
O souvenirs d'amour fixés dans cette lettre!
O calmes réservoirs dont nous avons les clefs!

Nous les avons élus les pieux reliquaires
Où nous venons placer, idolâtres humains,
Ces reliques sans nom, prises sur les chemins,
Qui nous font ressembler aux bahuts d'antiquaires.

Ce sont des cheveux bruns, c'est un divin portrait...
Nous refermons sur eux la légère armature,
Et les portons au cou, belle et fine parure,
Comme un talisman cher et le plus doux secret.

Confidents vénérés de l'intime pensée,
Nous les entretenons d'éblouissants discours,
Et, tabernacles saints, nous prions tous les jours
Devant leur vain trésor et leur porte abaissée.

L'ENFANT

Ange du ciel, lumière, astre, rayon, aurore,
Être qui naît de nous au milieu des douleurs,
Amphore où viennent boire, à travers chaque pore,
Les mondes amoureux et de miels et de fleurs.

O fécondation des étreintes divines !
Fortune du plus riche et du plus besogneux,
Et trésor grandissant de beautés clandestines
Que l'on cache à regret devant l'air dédaigneux.

Fruit très mûr qui nous fait la bouche savoureuse,
Dessert toujours servi dans notre pauvreté,
Pont jeté par-dessus le fleuve Ennui qui creuse
Un fossé dans le lit de la Satiété.

O chair de notre chair, souffle de notre souffle,
Et plaisir du plaisir, vertu de nos vertus,
Souliers aux boucles d'or, délicate pantoufle
Dont nous chaussons la joie et nos espoirs têtus !

LE SACHET

Ce sachet parfumé garde plus d'un secret,
Cher trésor : billets doux, des cheveux et des roses,
Comme un lac ténébreux recèle bien des choses
Des naufrages anciens dans sa noire forêt.

Le plongeur vigoureux ramène de l'abîme
De riches diamants perdus au fond des eaux,
Et, radieux, fait luire en des écrins nouveaux
Ces charbons composés d'une essence sublime.

De même, quand je nage au fond du souvenir,
Et, sans craindre ta dent, requin rude et vorace :
Morne et fatal regret, je retrouve la trace
Des bonheurs fugitifs que j'ai vus s'engloutir;

Je les fais remonter de tes profonds musées,
O mer, qui les retiens dans l'herbe des rochers
Afin de les sertir, et, joyaux guillochés,
D'exposer au soleil leurs faces irisées.

LA CHARITÉ CHRÉTIENNE

C'est le pain que l'on jette à l'infirme douteux
Qui heurte le volet de son bâton d'érable,
Et montre sa laideur savante et misérable
A travers les accrocs d'un vêtement piteux;

C'est le lit réchauffant qu'on prépare au malade;
C'est la bûche de bois et c'est le bol de lait
Que l'on porte, en hiver, soi-même à son valet,
Dans la mansarde froide ou l'hôpital maussade;

C'est l'eau qui fut donnée au nom de Jésus-Christ,
Les pardons généreux et l'oubli des défaites,
Et les aménités qui nous ont été faites,
Déduites avec soin et mises par écrit.

Et c'est l'espoir d'un ciel antique et sans limite
Ses anges, sa musique et son éternité,
La haute ascension vers le bienheureux gîte
Où l'on doit vivre enfin dans la félicité!

A UNE FEMME

Le collier d'or tressé, l'impudique toilette
De la brune Aspasie ornent votre cou blanc
Et votre corps trempé d'ambre et de violette,
Sur lequel un frison court lumineux et lent.

Nous vous aimons, ô belle, avec de tendres rites :
Tel un vieux criminel dans le péché goûté
Étale devant Dieu des ferveurs hypocrites.
Mais ce qu'on cherche en vous ce n'est pas la beauté,

C'est l'amour deviné des exquises débauches,
Loin des pleurs inquiets ou de l'attouchement
De la vierge innocente ou des filles trop gauches,
Et le baiser expert d'une lèvre qui ment ;

Cependant qu'à vos pieds meurt un pauvre malade,
Jeune amoureux transi que vous n'avez pas vu,
Et qui vous eût donné, dans la chère accolade,
Le plus pur de son cœur d'enfant s'il avait pu.

VIEILLE LETTRE

C'est un billet d'amour et dont la date ancienne
Ne se lit déjà plus sur le papier sali.
Oh! le premier serment dont l'homme se souvienne!
Ah! depuis ce jour-là que nous avons vieilli!

O soleils rutilants, splendides Élysées
Qui nous avaient séduits! nous avons promené
Nos gloires à travers des mers fleurdelisées
Dans ta nudité belle, hypocrite Phryné;

Duplicité du cœur, malheur que rien n'efface,
Nous avons vu couler le navire, et ses mâts
Nous parlent, émergeant, ô mer, sur ta surface,
De trajets accomplis sous d'étonnants climats,

De bijoux lumineux et de joyaux féeriques
Dont nous avions acquis un fabuleux trésor,
Et que nous ramenions de vos bords, Amériques,
Dans l'éblouissement de vos vastes champs d'or.

ATHLÈTE

Brune rançonneuse et frivole,
Toujours porteuse d'un carquois,
Tu fais à l'amant bénévole
Un enfer de tes yeux narquois.

Maîtresse de son épouvante!
Toi par qui son sang coule à flot,
Comme une source jaillissante,
A travers un brûlant îlot.

Sous ta captieuse toilette
De dentelles et de satin,
Tu sembles un débile athlète,
Au torse fragile, enfantin,

Qui terrasse son adversaire
Sans qu'il ait paru le toucher,
Et montre, étonnant belluaire,
Ses bras rouges comme un boucher.

LITANIES D'AMOUR

Vous qui m'avez aimé deux jours, je le crois bien,
Et m'avez mis dehors ensuite comme un chien,

O reine de beauté, faites que je sourie.

Vous dont chacun ici dit que vous êtes belle
Et pour mon seul amour avez fait la rebelle,

O reine de beauté, faites que je sourie.

Vous qui savez des mots très divinement doux
Pour l'amoureux pâli qui courbe les genoux;

O reine de beauté, faites que je sourie.

Vous dont le cœur est plein de précieuses larmes
Pour le rustre tombé dans les rets de vos charmes,

O reine de beauté, faites que je sourie.

Vous dont les yeux profonds sont de divins flambeaux
Qui font voir au malade, en rêve, des châteaux,

O reine de beauté, faites que je sourie.

Vous dont les doigts gantés pour panser une plaie
Sont toujours prêts, s'il faut, à retourner la claie,

O reine de beauté, faites que je sourie.

Vous dont la seule vue est un vin généreux
Qui guérit tout humain, le sourd ou le lépreux,

O reine de beauté, faites que je sourie.

Vous qui savez bercer les douleurs infinies
Et chasser promptement les tristes agonies,

O reine de beauté, faites que je sourie.

Vous qui même au passant qui ne demande rien
Donnez votre sourire avec tout votre bien,

O reine de beauté, faites que je sourie.

Ange annonciateur d'une douce patrie,
Courtisane que nul jamais en vain ne prie,

O reine de beauté, faites que je sourie.

DALILA

Quand elle eut fait tomber la longue chevelure
Où résidait la force étrange du héros,
Et qu'elle eut uniment, sous le fer des ciseaux,
Tondu le fier guerrier du front à l'encolure,

Elle accourut donner le signal convenu.
Des guerriers dispersés dans le creux des citernes
Se dressèrent, tremblants, et sur leurs faces ternes
Passait, livide peur, un frisson inconnu.

Samson dormait aux pieds de la femme charmeuse. —
Ils vinrent, à pas lents, demi-morts, près du lit,
L'attachèrent, — toujours la ruse s'accomplit, —
Et brûlèrent ses yeux sur la lampe fumeuse.

Aux cris du malheureux qui perdait la raison,
Se mêlait l'âcre odeur de la chair calcinée.
Mais Dalila, sans voir la torture ordonnée,
Comptait fébrilement l'or de la trahison.

DÉMENCE

Le lit dont nous faisons la couche favorite
Est rempli de parfums, de raisins et de fleurs ;
Tel un soldat de garde, au fond de sa guérite,
Glacé, songe à la flamme aux joyeuses couleurs ;

Nous y voulons dormir par une nuit jolie,
Opulente de gloire et de sérénité...
Mon âme sur la berge erre avec Ophélie,
Qui mire dans les eaux sa démente beauté.

Épouse de Hamlet, tu reposes très douce
Entre les ajoncs verts et les blancs romarins ;
Ton corps est recouvert de plantes et de mousse
Et glisse sur le fleuve au bruit des tambourins.

— Je veux, dans ma folie, ô cruelle tigresse,
Refaire une autre fois notre lit somptueux :
Je le réchaufferai de ta bonne caresse,
Tu l'empliras de tes baisers voluptueux.

DÉPART

Immobile, oublieux des fureurs ressenties,
L'Océan, calme et plat, meurt sur l'horizon bleu.
Les femmes des pêcheurs, vers les barques parties,
Tendent leurs mouchoirs blancs dans un geste d'adieu.

Priez pour eux sainte Anne et vous vierge Marie!
L'impitoyable mer roule bien des vaisseaux
Dans ces débris épars que le courant charrie
Et jette, sur la plage étroite, par monceaux.

Qu'ils reviennent au port avant la nuit perfide!
Les roches à fleur d'eau cachent leurs fronts hardis.
Les marins sans boussole ou carte qui les guide
Iront peut-être alors frapper leurs flancs maudits.

Et demain, par les rocs et les conches désertes,
Les veuves attendront vainement un signal,
Tandis que, se heurtant au milieu des eaux vertes,
Les corps des naufragés obstrueront le chenal.

LE MIROIR

Qu'elle soit jeune ou vieille, amante ou vierge encore,
C'est là qu'elle conçoit le péché captivant
D'asservir la bonté de l'homme qui l'adore
Et de planter sur lui son drapeau décevant,

La prêtresse, menteuse, indigne et scélérate
De ce temple lubrique où nous nous complaisons,
Tel que ce prisonnier (sur un bateau pirate)
Qui rêvait près d'Alger de très blanches maisons.

Miroir, tu réfléchis sa forme aventureuse.
Tu lui dis, tous les jours, le charme empoisonneur
De ses yeux; et Satan, pour l'œuvre ténébreuse,
N'a plus besoin, hélas! du serpent suborneur.

Tu lui rends son image en ta glace complice :
Portrait qu'elle retrace ou corrige à loisir,
Car la beauté toujours ou réelle ou factice
Se transforme par l'art pour doubler le désir.

CONVERSATION

Nous nous sommes connus. — C'était donc au vieux temps
Où vous étiez petite, où j'étais sans moustache.
J'ai bien vieilli depuis, vous avez dix-huit ans;
L'ombre de ces jours morts s'étend comme une tache.

— Nous nous sommes aimés. — C'était alors par jeu.
J'étais votre mari, vous faisiez la madame;
Mes ces amusements, hélas! durent bien peu.
La fillette d'alors est si vite une femme.

— Il est vrai, pauvre ami, je vous ai fait souffrir.
Dans votre cœur saignant, j'ai fait surgir un monde,
Et venus au-dessus, je vois soudain courir
Les débris enfouis dans une mer profonde.

— Vous y cherchez en vain. L'inhabile plongeur
Laisse la perle au fond et ramène un peu d'herbe.
Vous lui ressembleriez, ô pâle explorateur,
Et l'intime secret n'est pas le moins superbe.

LES ANCIENNES AMOURS

Les anciennes amours dont le cœur s'émerveille
De l'éclat pur et fin d'un précieux métal,
Ressemblent aux flacons pleins d'une liqueur vieille
Qui ruisselle en rubis dans le brillant cristal.

On les verse à demi, pieusement avare,
Avec précaution et l'intime plaisir
D'étaler sa richesse en un vin bon et rare
Qu'on sert à l'hôte aimé dans un heureux loisir.

On montre le bouchon à la marque authentique,
Sur lequel sont écrits et la date et le cru,
Et que tout invité, d'une bonne pratique,
Devra lire à son tour dans le plateau tendu.

Avec quelle ferveur et lente et solennelle,
On approche de soi ce vin qu'on fit vieillir;
Il semble un avant-goût de la joie éternelle
Dont nous devons là-haut quelque jour tressaillir!

FUNÉRAILLES

Arrange-toi sur les coussins.
Je vais allumer deux bougies,
Claires et pieuses vigies,
Phares illuminant tes seins.

Je vais mettre une nappe blanche
Sur la table, un christ, un psautier,
De l'eau bénite, avec la branche
De rameau dans le bénitier.

Je dirai les hymnes funèbres
Lorsque le prêtre t'absoudra,
Et ton esprit dans les ténèbres
Sans crainte alors voyagera.

Puis je veillerai, pauvre morte,
Ton blanc cadavre convulsé
Jusques au matin de la sorte.
Et requiescat in pace!

Dernière nuit, sombre veillée !
Reine ! amour ! beauté ! passion !
Arbre mort, plante effeuillée !
Ma seule consolation !

GRAVURE

Quel artiste inconnu dessina cette image,
Ce chef-d'œuvre parfait dont nul ne s'est douté,
Et qui fut laissé là, mystérieux hommage
D'un cœur resté muet dans sa timidité?

Celle dont il devait captiver la tendresse
Ne le regarda pas ou ne l'a pas compris,
Alors qu'elle aurait dû, dans la pleine allégresse,
Enfermer ce dessin comme un tableau sans prix.

Peintre sans gloire encor, ce fut le premier rêve
Dont tu traças l'ébauche et le premier déçu ;
Ce désastre idiot a consumé ta sève
Comme un acide pur ronge un frêle tissu.

Tu dédaignas alors de venger ton génie.
Sur ton intelligence ayant posé le sceau,
Tu repoussas dans l'ombre, avec ignominie,
L'ironique destin qui cherchait ton pinceau!

SAGESSE

Je veux, ainsi qu'un sage oublié de la Grèce,
Cacher dans un enclos aux vastes horizons
Mes jours inachevés et te fuir, ô détresse,
Dans le bonheur uni des tranquilles maisons.

Je bâtirai mon chaume au milieu de la plaine,
Et dans la solitude heureuse de mes yeux
Je dormirai sans rêve, et la narine pleine
Des parfums répandus sur les champs merveilleux.

Dans un labeur paisible et dans la douce étude
Je verrai, chaque soir, s'éteindre le soleil,
Et le cœur jeune encore, exempt de servitude,
Sur un lit, sans douleur, j'attendrai le réveil.

Et pour ne plus tomber dans un amour infâme
Qui me rendrait l'ennui somnolent des veilleurs,
Si ma cabane, un jour, est proche d'une femme,
Je la démolirai pour la porter ailleurs.

INQUIÉTUDE

Nous sommes des enfants que toute chose atterre :
Les loups, les bois, la nuit, grand pourfendeur masqué !
Quand nous courons bien fort, si nous tombons par terre,
Nous voyons sous nos pas le destin embusqué.

Dieu nous fait chanceler et Satan nous effraie.
Nous redoutons l'épine en convoitant la fleur.
Le grain que nous semons est mangé par l'ivraie ;
Et le froid nous fait mal autant que la chaleur.

Breuvage mêlé d'eau, de cendre et d'amertume,
Le désir après lui traîne un nouveau désir ;
Et la tentation, dont l'esprit s'accoutume,
Ne nous offre, à la fin, que l'ennui du plaisir.

Vivons, dit une voix ardente et soutenue ;
Mourons, dit le malheur, et vers un meilleur port
Tournons sans retarder notre voile tendue.
— Et vivant malgré tout, nous envions la mort.

LES PAROLES D'UN SAGE

Voilà que vous vivez depuis des jours sans nombre,
D'un peuple de maudits vieille postérité,
Et je descends déjà, calme et fier, dans votre ombre
Sans avoir vu les fruits à leur maturité.

La splendeur du soleil irrite ma paupière
Ou brûle mon regard de ses feux convergents.
Je vois l'humanité dolente, sous la pierre
Du tombeau, se débattre, et je dis : Pauvres gens!

Et je prends en pitié l'être le plus infime,
Et je fais mon chagrin de sa difformité,
Comme un juge impuissant à châtier le crime
Qui ne met point d'espoir sur une déité.

Sublime contempteur d'un rêve insaisissable
Dont vous n'avez conçu que des tourments amers,
Je n'ai point désiré la chimère impalpable
Des roses horizons par delà les déserts.

A UN DÉCLAMATEUR

Vous est-il arrivé de trouver dans un champ
Un mendiant repu de raisins ou de pommes ?
Je gage, en vous jugeant sur tous les autres hommes,
Que vous l'avez chassé d'un pied rude et méchant.

Car ces raisins mangés ou ces pommes volées,
C'était là votre bien : vous ne le donnez pas.
On vous dit cependant très prodigue ici-bas
Des divines pitiés que Jésus a scellées.

Pour vos frères humains, leurs femmes et leurs fils,
Vous avez tous les jours des paroles exquises ;
Vous voulez, généreux, démolir ces banquises
Que le riche entretient pour d'infâmes profits.

Vous n'avez pas assez de mots et de colère
Envers ce monde affreux, coupable d'affamer
Tous ces déshérités qu'il a charge d'aimer ;
Vous leur refuseriez vous-même un peu d'eau claire.

LA FEMME NUE

On eût dit une vierge échappée à Rubens,
Tant elle était pudique et superbe de grâces
Avec ses yeux profonds luisant comme des châsses
Et dans la nudité charmante de ses seins.

Descendue à regret d'un sublime empyrée,
Elle voyait l'amant, contempteur de son corps,
Le poète aimé, fuir, l'âme pleine d'accords,
Vers une femme vieille artistement plâtrée,

A la bouche rougie, aux cheveux empruntés,
Que marquait à la joue une mouche postiche,
Telle, sur une table, une ancienne potiche
Prête au décor banal ses curiosités.

O beauté, femme nue aux formes sans égales,
Nous avons déserté ta chambre et ton boudoir
Pour un lit plus savant, où, comme en un dortoir
Immense, les laideurs s'accouplent aux scandales.

POSTÉRIORITÉ

Au déclin des soleils sans force et sans lumière,
Les mondes refroidis n'auront plus de chaleur,
Et replongés soudain dans leur ombre première,
Iront confusément sans ordre et sans couleur.

Les océans gelés réuniront leurs masses
Aux glaciers descendus des monts jusques aux mers,
Et les champs, affranchis des plantes et des races,
N'auront plus de blés mûrs dans leurs sillons déserts.

L'homme, depuis longtemps disparu de la terre,
Ne se lèvera pas pour appeler son Dieu,
Tandis que le chaos reprendra, solitaire,
Les astres sans vigueur et privés de leur feu.

Chaque étoile céleste, à son tour, descendue,
Brisera, dans sa chute effrayante et sans fin,
Une planète morte, une étoile perdue
Qu'elle aura par hasard heurtée en son chemin.

Le ciel s'effondrera dans la ruine immense,
Et·rien ne sortira de son écrasement,
Malgré les espoirs faux et la vaine semence
Que nous aurons jetés dans le gouffre inclément!

LA HALTE

C'est le repos après une très longue route,
L'heure où l'on peut enfin s'asseoir, boire et manger,
Et laisser le fusil ou le sac qui nous voûte
Dans le creux du fossé comme un hôte étranger.

Ce sont les gais propos autour de la cantine,
L'esprit libre et gaulois qui se moque de tout,
De l'ampoule au talon et du clou qui s'obstine,
Du vent, de la fatigue et du grand Tombouctou.

C'est la ville prochaine et toutes ses promesses ;
Le lit moelleux et chaud, la soupe et le bon vin ;
Les filles qui viendront pimpantes, après messes,
Vous aguicher la lèvre à leur torse divin...

Sac au dos tout le monde, alerte ! il faut rejoindre.
En marche, il n'est plus temps de rire et de causer.
— Ah ! dites-moi, Seigneur, dites, quand dois-je atteindre
A cette halte heureuse où je dois reposer ?

[*]

Depuis le jour inique où j'ai quitté la femme,
Je promène sans trêve un indicible deuil,
Et les regrets amers pullulent dans mon âme
Comme les vers nombreux dans le bois d'un cercueil.

Mais je veux impassible et tel un blanc squelette,
Dans mon épais linceul rester emprisonné
Et ne point m'arracher à cette mort complète,
Dussé-je être à l'enfer livré comme un damné.

Je ne veux pas livide, ainsi que fit Lazare,
Me lever du tombeau dans lequel j'ai dormi,
Et, sous l'habit étrange et le geste bizarre,
Titubant, m'en aller le front lourd et blémi,

J'étouffe le regret des mortelles ivresses
Dans mon sein ulcéré des vieux mensonges faits,
Car je sais le néant des amours charmeresses
Et la stupidité des rêves satisfaits.

TABLE DES MATIÈRES

Bordeaux. — Imprimerie G. GOUNOUILHOU, rue Guiraude, 11.